A Arte de Pertencer

Nota: A cada exemplar deste livro que for vendido, o autor destinará R$ 1,00 (um real) à Missão ADRA Bangladesh, que atua em um dos países mais pobres do mundo proporcionando o acesso à alimentação, saúde, educação e esporte. Saiba mais sobre o trabalho dessa ONG em www.adrabangladesh.org.

A Arte de Pertencer

FERNANDO MORAES

Novas Ideias

Todas as fotos que compõem este livro pertencem ao acervo pessoal do autor.

1ª Impressão — 2015

Produção editorial:
Equipe Novo Conceito
Impressão e Acabamento Intergraf 161214

Dados Internacionais de Catalogação na Publicação (CIP)
(Câmara Brasileira do Livro, SP, Brasil)

Moraes, Fernando
A arte de pertencer / Fernando Moraes. -- Ribeirão Preto, SP : Novo Conceito Editora, 2015.

ISBN 978-85-8163-687-0

1. Igualdade social 2. Teologia social
I. Título.

14-13122 CDD-261

Índices para catálogo sistemático:
1. Teologia social 261

Novas Ideias

Rua Dr. Hugo Fortes, 1885 — Parque Industrial Lagoinha
14095-260 — Ribeirão Preto — SP
www.grupoeditorialnovoconceito.com.br

"A velhice é nada mais, nada menos, que o processo
da infância inocente para a infância sofisticada."

FELICE LEONARDO BUSCAGLIA

À "Vovó Dita" (in memoriam), minha sublime e eterna criança...

A minha doce Andréa, por seu amor e carinho, e a minha linda filha,
Júlia... Amor sem igual... Para sempre.

A minha mãe, Vera, pela coragem e determinação.

Aos meus amigos. Sinto-me fiel depositário de vossas amizades.

Sumário

Apresentação

Fernando Moraes consegue argumentar com doutores e convencer as pessoas mais simples com a mesma eficácia, sua paixão pelo social transborda.

Tive o privilégio de trabalhar juntamente com ele no sertão da Bahia, em Pernambuco, Piauí e no Amazonas, e acompanhar de perto a construção do conhecimento do protagonismo social nas diferentes comunidades.

Construção social, envolvimento da sociedade civil, participação da juventude, empoderamento social, são temas extremamente importantes na atualidade e que trazem uma motivação do olhar para um futuro melhor."

Nesse livro, Fernando aborda temas importantes que nos fazem repensar, refletir e mudar a nossa forma de ver o outro, reconhecendo esse outro não como um distante, mas sim muito próximo pelo simples fato de estar vivo.

De forma provocativa, mas sem perder a ternura, nos convida para refletir o mundo em nossa volta, que somos todos iguais e temos responsabilidade pessoal ao construir a sociedade em que vivemos.

Landerson Santana

Diretor Nacional da ADRA Bangladesh

Prefácio

A MAGIA DO PERTENCIMENTO

Tema absolutamente desafiador e crucial este proposto por Fernando Moraes, o Pertencimento. Nestes tempos líquidos, como ressalta Bauman, uma das referências no texto de Fernando, os laços se dissolvem, as raízes se evaporam, a memória pode virar fumaça em uma sociedade que valoriza o presente eterno.

Pura contradição, na medida em que estamos no tempo das redes, das conexões facilitadas pelas novas tecnologias de informação e comunicação. Mas rede é muito mais do que isso, como Fernando deixa claro, em um texto em que mescla suas vivências pessoais com contribuições intelectuais e éticas de pensadores mas, sobretudo, de pessoas com quem ele manteve ou continua mantendo contato, na dureza e beleza do dia a dia.

Pois o Pertencimento é isso. É o afeto, é o calor, é o abraço, é o coração junto com o coração do outro, é a fusão de corações. É o sentir a dor e o amor do outro, no outro, com o outro. Em algum momento da história contemporânea esse fundamento do humano – mais até do que o ser dotado de razão – perdeu-se no meio do caminho.

Daí a crise civilizatória atual, expressa nas tragédias sociais, na fulminante degradação ambiental, na escalada da violência multiforme. Se não estou ligado no outro, se não estou ligado no chão onde piso, se não estou ligado com a cultura e a memória desta terra, não há por que me incomodar com a fome alheia, com o derretimento das geleiras, com a erosão lancinante da biodiversidade, com o preconceito e a xenofobia que teimam em prevalecer e alimentar o discurso do populismo tecnológico.

Esta é a grande contribuição da reflexão proposta por Fernando, um ativista e empreendedor social que não se cansa de sonhar um novo amanhã coletivo, solidário, justo e fraterno. O resgate do Pertencimento é a chave para muitos dos múltiplos dramas que a humanidade e o planeta vivem hoje. As ideias, as experiências, a memória afetiva que o autor compartilha conosco lançam novas luzes, mostram novas veredas para a reinvenção do Pertencimento. Ato fundador de um momento novo para a humanidade e a casa comum de todos.

José Pedro Martins

Jornalista e escritor, autor de livros nas áreas de história, cultura e sustentabilidade, como *Depois do arco-íris – uma proposta ecológica* (FTD, 1991), *Terra Cantata, uma história da sustentabilidade* (Komedi, 2007) e *Capoeira, um patrimônio cultural* (Komedi, 2011).

Nota de abertura

O livro de Fernando Moraes inscreve-se na melhor tradição humanista e universalista. O percurso pelo qual nos conduz ao longo destas páginas sobre a Arte de Pertencer representa um corajoso resgate de uma perdida ética de efetiva igualdade e fraternidade. Como resulta claro da leitura da obra, este resgate está longe de se tratar de um percurso exitoso nos dias que correm, lembrando-nos que constitui um tremendo desafio de superação individual e coletiva numa era de globalização onde em inúmeras áreas se levantam mais barreiras do que aquelas que são quebradas, novas barreiras diferenciadoras de regiões e de seres humanos, barreiras nem sempre conscientes, mas que se afirmam objetivas na seleção, divisão e separação. Inclino-me a pensar que a Arte de Pertencer de Fernando Moraes absorveu muita da sua sensibilidade nas suas passagens pelas nossas terras vermelhas de Angola, vermelhas de sofrimento, mas também de força, de amor e vontade de fazer um mundo melhor.

Nuno Fragoso Vidal

Professor de Pós-Graduação em Relações Étnico-Raciais — CEFET-RJ; Coordenador do Projecto "Processos de democratização e desenvolvimento na Angola e na África Austral" – na Universidade Católica de ANGOLA e no Centro de Estudos Internacionais do Instituto Universitário de Lisboa.

"Um homem só tem o direito de olhar outro homem de cima para baixo se for para ajudá-lo a se levantar."

Johnny Welch

Crianças da comunidade da Serra da Chela
em Lubango – Huíla/Angola.

"Algum dia, em qualquer parte, em qualquer lugar, indefectivelmente, encontrar-te-ás a ti mesmo e essa, só essa, pode ser a mais feliz ou a mais amarga das tuas horas."

Pablo Neruda

Introdução

Consolidar uma cultura de Pertencimento Social e o reconhecimento do "outro como um igual" tem sido um grande desafio em tempos modernos, considerando que a esse outro não basta ser humano, em carne e osso. É preciso estar nas chamadas "redes", na maioria das vezes não presencialmente, mas virtualmente, para ter o reconhecimento de que existe, de que está ali, antenado e conectado com esse novo "estado de convivência" instituído pelo novo mundo.

Pertencimento não é uma ferramenta de gestão, muito menos uma ciência. Pertencimento é uma forma de se ver no outro, de entender que, apesar das diferenças, somos participantes da vida.

O ato de Pertencer ao meio em que se vive com plenitude é, antes de mais nada, um conceito ético, uma vez que compreendemos a ética como a capacidade de escolher e inventar uma forma de viver, possibilitando uma vida digna para todos. Pertencer é, em tempos sombrios, uma "arte", capaz de vislumbrar por meio de sua ação uma sociedade livre e autônoma, na qual os iguais possam se reconhecer e se perceber no movimento de suas vidas.

Desenvolver a "cultura do Pertencer" significa torná-la real e cotidiana, e para isso é necessário o envolvimento e a vontade de todos para o rompimento do modelo do Dano, ou seja, do discurso fatalista, do "Oh, vida, oh, céus" ou "As coisas são assim mesmo e não mudam", e desse modo nos revestirmos com a perspectiva do modelo do Desafio, do que tem de ser feito, correndo riscos e buscando alternativas para sair deste Estado conformista, da coisificação.

O propósito deste material — fruto de várias e constantes anotações, missões sociais, leituras e observações realizadas — é sugerir uma reflexão sobre o nosso agir social, sem aprofundamento científico, mas comprometida com as coisas do cotidiano que fazem a vida valer a pena.

Fernando Moraes

Formação para lideranças sociais,
desenvolvimento comunitário – Huíla/Angola.

"Assim como o caos tumultuado de uma tempestade traz uma chuva nutritiva que permite à vida florir, assim também nas coisas humanas tempos de progresso são precedidos por tempos de desordem. O sucesso vem para aqueles que conseguem sobreviver à crise."

I Ching

Você sabe com quem está falando?

Escolhamos dez pessoas de diferentes nacionalidades e culturas, e entre essas pessoas suponhamos ter a seguinte composição para um "Reality Show da Vida":

dois europeus de classe média;

três sul-americanos: um de classe média e outro de baixa renda;

dois asiáticos de baixa renda;

dois africanos exilados em campos de refugiados;

um bilionário norte-americano.

Deixemos as dez pessoas num deserto, sem qualquer tipo de ajuda, sem que levem nada consigo, munidas apenas das roupas do corpo. Com o passar do tempo, todos sentirão, por conta de sua humanidade, as mesmas vulnerabilidades: terão sede, mas não terão água; sentirão frio, mas não terão cobertor; ficarão famintos, mas não terão alimento. O mais interessante é que, a partir de então, não haverá mais diferenças econômicas, culturais ou sociais, e dessa maneira todos perceberão que são estritamente iguais.

Considero o despertar para o ato de Pertencer o processo por meio do qual as pessoas conseguem reconhecer suas fragilidades a ponto de se verem como indivíduos equivalentes, detentores de uma cosmovisão vigilante em relação ao estado de convivência social, independentemente de território, idioma, cultura ou dos acessos econômicos, a partir de então compreendem a importância de se criarem relacionamentos com alteridade, nos quais não haja uma afirmação de subalternidade, colocando de um lado quem está inserido no processo e de outro os que estão de fora dele.

Isso me faz lembrar uma conversa com uma amiga de alguns anos atrás. Ela relatava sua experiência em um trabalho voluntário, deslumbrada com a ação, e, à medida que ia narrando os acontecimentos, fazia questão de reafirmar a condição miserável daquelas pessoas. Em certo momento da conversa ela fez a seguinte consideração: "Tinha umas crianças tão lindas que nem parecia que moravam naquele lugar." É claro que eu não tinha a intenção de quebrar todo o seu encantamento altruísta, portanto permaneci em silêncio refletindo sobre a questão da pobreza, sobre o fato de esta ter toda uma caracterização que, para além do fator econômico, inclui questões estéticas, de cor da pele e de outras particularidades.

Inacreditável. Apesar de vivermos em um país que, embora não seja pobre, ainda dispõe de muitos indivíduos na faixa de pobreza, continua a prevalecer essa atitude absurda de não reconhecer os semelhantes como iguais. Para determinadas circunstâncias sempre prevalece o status social, a cor da pele, o local onde se mora, o clube que se frequenta, o carro que se possui. O mais intrigante é não compreender que, não importam nossas diferenças, somos todos capazes — desde que nos seja dada a oportunidade — de desenvolver nossos dons, talentos e habilidades.

Tenho insistido — em todos os lugares nos quais sou convidado a expor meu pensamento — no discurso de que há somente uma alternativa para o pleno desenvolvimento: facultar às pessoas o protagonismo de suas próprias vidas; permitir a elas que sejam os personagens principais daquilo que as envolve, rompendo com o assistencialismo glorioso de que fazer o bem é bonito e gratifica a alma, mas que fazer o bem é obrigação e que isso traz o compromisso de vivermos no meio e não vivermos do meio; possibilitar-lhes ser agentes de transformação quando se reconhece nelas a sua humanidade. A seguinte frase sintetiza com precisão o que nos aproxima e distancia cada vez mais: "Você sabe com quem está falando?" Porque uma frase como essa só tem espaço onde os indivíduos não se reconhecem como iguais, segundo o saudoso professor Milton Santos.

É verdade que, na história, para tudo há uma explicação, o que nos permite entender os diversos acontecimentos ao longo da trajetória da humanidade. Por exemplo, se considerarmos o fato de o Brasil ter sido uma colônia portuguesa por quase quatro séculos, isso nos auxiliará a compreender a razão de mantermos esses ranços culturais instituídos na formação do povo brasileiro.

Observemos o mau uso de fardas, de títulos ou de qualquer outra coisa que manifeste "superioridade" de alguns em relação a outros de nossos semelhantes. Os próprios gregos chegaram à conclusão de que não poderiam depender dos deuses para tudo a fim de se organizar na Terra, logo criaram o conceito de sociedade, com parâmetros morais e uma determinada ordem social. Percebemos, então, que o conceito de viver em sociedade não é natural, mas artificial, criado pelos homens, o que nos faz concluir o óbvio: se a sociedade é criada por homens, também pode ser transformada por eles.

O ato de Pertencer passa por tal ação transformadora, desperta nas pessoas o sentimento de que é possível viver dias melhores para que possamos reinventar um novo estado de convivência social no qual todos nós possamos ser os personagens principais deste show que é a nossa vida.

Projecto Jango em Lubango – Huíla/Angola.

"Para bem conhecer a natureza dos povos, é necessário ser príncipe, e para bem conhecer a dos príncipes, é necessário *pertencer* ao povo."

Nicolau Maquiavel

O que significa "A prática do bem gratifica a minha alma"?

É curiosa a existência de uma "agenda de praticar o bem" que costuma ser adotada no Brasil. Basta analisar as datas que reforçam essa condição solidária nas pessoas para que passemos a aceitar isso como uma realidade em nosso dia a dia. Todos parecem mais sensíveis e solidários com o estado de necessidade do outro. O lado ruim de tais ações é que, muitas vezes, elas são canalizadas em mero assistencialismo, que anula as forças e capacidades dos "ajudados", subestimando-os, relegando-os à incapacidade de lutar para superar suas próprias privações.

A exposição dessa questão me faz lembrar uma entrevista, concedida a um programa de televisão, do saudoso Milton Santos, importante geógrafo brasileiro, na qual ele discorria sobre o conceito de "cidadania". Ele, com maestria, definiu: "Cidadão não é o que recebe e sim o que pode doar." A partir dessa premissa, conclui-se que, se um indivíduo se encontra em condição de somente *receber*, sem dúvida não dispõe de autonomia para *realizar* as suas próprias escolhas, e um indivíduo sem capacidade de escolha não é capaz de *alcançar* a plenitude como cidadão.

Pelos postulantes ao Nobel da Paz, é certo que serei interpretado como um radical, mas afirmo aqui que reconheço a importância das ações assistencialistas, ainda mais quando são iniciativas necessárias em situações emergenciais. Apenas sinalizo ser absolutamente contrário à perpetuação de ações que deveriam ser pontuais; transformá-las em procedimentos sociais perenes que adotam glamorosos discursos altruístas segundo os quais a prática do bem gratifica a alma. Na verdade, a prática do bem deveria ser entendida como um processo de cidadania ativa e como parte do reconhecimento da igualdade entre as pessoas, contrapondo assim um entendimento simplório do conceito de "ajuda"; tal percepção fortaleceria a busca por uma lógica de "justiça social": assistência e ajuda não devem ser resultado único de corações caridosos e de quem busca um lugar no céu, mas tais ações são justas e naturais quando advindas de um cidadão que se encontre em situação mais privilegiada.

Há algum tempo, li um livro chamado *A História Social dos Direitos Humanos*, cujo autor, José Damião de Lima Trindade, expõe uma linha do tempo para explicar a origem e todas as transformações históricas na luta de várias pessoas e nações no fortalecimento do estado de direito e de sua garantia. Os parágrafos a seguir reproduzem o pensamento desse autor.

Em dado momento do texto, ele cita Robert Owen (1771-1858), grande industrial inglês que por quase trinta anos desenvolveu um projeto de enorme êxito na sua fábrica de fios de algodão, localizada na comunidade miserável de New Lanark, na Escócia, que chegou a ter dois mil e quinhentos operários. De forma ousada, ele reduziu a jornada para dez horas e meia de trabalho (a jornada comum na época era de até dezoito horas), recusou-se a empregar menores de dez anos, criou jardins de infância e escolas para os filhos de seus funcionários, serviços de saúde para a comunidade e implantou armazéns para a venda de gêneros alimentícios e outros bens a preço de custo, nos quais o dinheiro foi substituído por bônus representativos de horas trabalhadas. Os resultados foram surpreendentes. A fábrica converteu-se numa colônia exemplar autogerida, de onde desapareceram o alcoolismo e as brigas, sem necessidade de policiamento, de asilo para os pobres ou de instituições de caridade. Inesperadamente para a mentalidade da época, os lucros cresceram como nunca antes visto.

Após reavaliar sua experiência, ele chegou à conclusão de que os meios de produção poderiam servir ao bem-estar social, desde que se tornassem propriedades coletivas, pertencendo a toda a sociedade. Foi um grande passo para uma crítica consistente do modelo capitalista vigente e se tornou para ele sua própria ruína.

Enquanto se comportava como um homem rico de "alma nobre", que se compadecia dos pobres, para quem oferecia a sua ajuda pelo simples espírito de caridade, Owen foi objeto de muita bajulação, tal qual uma celebridade, nos salões de toda a Europa, mas, quando deu o passo fatal, passou a ser execrado como um homem detentor de ideias perigosíssimas, perdendo todo o apoio daqueles que o bajulavam. A imprensa o condenou ao silêncio.

Nos dias de hoje não é diferente. Alguns veículos de comunicação, por meio do poder que constituíram de manipulação das massas, tentam cada vez mais afirmar o estado de situações que o capital produz, reforçando a noção de que tudo que acontece hoje é fruto de um desenvolvimento natural no percurso e "evolução" da humanidade. Isso infelizmente, acaba intervindo no que poderíamos chamar de estado de Pertencimento Social, permitindo que assuntos de ordem econômica definam o nosso caráter e quem somos, e a qual grupo devemos Pertencer.

Feira comunitária em Lubango – Huíla/Angola.

"Aqueles que passam por nós não vão sós, não nos deixam sós. Deixam um pouco de si, levam um pouco de nós."

Antoine de Saint-Exupéry, *O Pequeno Príncipe*

Indiferença

Há um programa de TV, um desses fenômenos de audiência, um reality show, cujo apresentador costuma se referir aos participantes como heróis. Talvez o mais impressionante seja o fato de tal programa ser, de tempos em tempos, o assunto mais comentado em boa parte dos veículos de comunicação.

Compreendo perfeitamente a proposta de tais programas, e não me cabe julgar aqueles que lhes assistem, mas acho intrigante a relevância social a que alçam as pessoas que participam desses "espetáculos". Por que chamá-las de heróis? Quais são os feitos dignos de tal títulos? Pensar em tais indagações provoca em mim certa irritabilidade, em particular quando considero a existência de milhões de brasileiros que madrugam todos os dias, utilizam-se dos deficitários transportes coletivos em nosso país e às vezes tomam dois ou três ônibus — ou mais —, além de metrô, trem, e depois ainda fazem um percurso a pé, que pode superar a marca de quilômetros, para só então chegar ao trabalho que lhes possibilita o sustento da família com dignidade. Apesar de todas as dificuldades que a vida lhes reserva todos os dias, esses brasileiros não deixam escapar o brilho no olhar de esperança de dias melhores. Essas mulheres e esses homens, sim, são dignos de ser chamados de heróis.

Longe de mim me aprofundar sobre conceitos morais quando o próprio direito se contradiz ao afirmar que nem tudo que é da moral é do direito, como nem tudo que é do direito é da moral. Toda essa questão me causa inquietude, tal é o conformismo social diante do estado de coisas que vivemos hoje em dia. Zygmunt Bauman, em seu livro *Identidade*, faz uma análise perfeita da liquidez que encontramos em nossas relações na vida em sociedade. Segundo o autor, a falta de solidez em todos os tipos de relacionamento é fruto da contumaz superficialidade que nos envolve e que, em consequência, provoca a desconstrução de antigas estruturas sólidas.

Imaginemos uma procissão católica em que os fiéis, em vez de caminhar, perfazem o trajeto correndo. Nesse cenário, deduzimos que a imagem do santo ou da santa que carregam provavelmente cairá. Assim, não é por acaso que a marca de uma procissão é a lenta caminhada, a tranquilidade das pessoas que participam dela e das que conduzem a imagem do santo ou da santa, e a lentidão no caminhar é também uma forma de reverência. Poderíamos dizer que da mesma maneira se porta a sociedade de consumo, doutrinada pela ordem econômica, que apresenta um discurso de urgentes transformações, de correr contra o tempo sem titubear, pois os que não seguirem essa filosofia serão deixados para trás. Os nossos desejos ou as nossas crenças, na verdade, não importam: nossas individualidades são anuladas, e a anulação do que somos se materializa por meio do consumismo exagerado, do "ter pelo ter". O conceito de "ser" parece superado, esquecido, objeto de discussão apenas de antigos filósofos e religiosos.

Enquanto revisitava algumas leituras, deparei-me com um teólogo protestante chamado Caio Fábio, o qual, de forma brilhante, expõe o seguinte pensamento sobre as injustiças contra a humanidade: "A indiferença social é a expressão mais visível do ódio, ódio tão profundo que é capaz de emprestar ao outro a capacidade do não ser e do não existir." Acredito que essa consideração nos leve a uma criteriosa avaliação sobre o conceito de Pertencimento, uma vez que a nossa indiferença diante das questões sociais é patente. Quantos indivíduos em situação de fragilidade social não passam despercebidos nessa avalanche da coisificação?

Certo dia, estava eu ao volante do carro, parado no semáforo, quando avistei uma família inteira vagando e mendigando entre os veículos. Tal cena, infelizmente, é muito comum no cotidiano de quem vive em grandes centros urbanos. Entretanto, em vez de eu dirigir a minha atenção àquela família, passei a observar as pessoas que, assim como eu, estavam dentro de seus veículos. As pessoas no interior dos carros, em sua grande maioria, olhavam para a frente, os vidros fechados, e em momento algum dirigiam seus olhares àqueles que pediam esmolas no semáforo. É fato que a violência urbana provoca uma permanente tensão e alerta nas pessoas que trafegam pelas avenidas e ruas das grandes cidades. Estas acabam por ter esse comportamento de "isolamento" ao sair de suas casas. O que mais despertou a minha atenção, porém, não foi a ação de precaução das pessoas ao manterem as janelas cerradas, mas a indiferença de boa parte delas diante da cena, embora ali também houvesse crianças. Parafraseando um grande amigo, José Ildefonso, alguém que é incapaz de perceber uma criança à sua volta quando ela está ali com certeza deve ter o seu caráter posto em xeque.

Formação para lideranças angolanas em Lubango – Huíla/Angola.

"Bom mesmo é ir à luta com determinação, abraçar a vida e viver com paixão, perder com classe e viver com ousadia, pois o triunfo pertence a quem se atreve, e a vida é muito bela para ser insignificante."

Charles Chaplin

Reconhecimento do outro em tempos sombrios

O estado de coisas que vivemos hoje, fundamentado e alicerçado especialmente pela ordem econômica, referenciado, entre outras coisas, pelo consumismo exagerado, nos leva a compreender o isolamento e o distanciamento das pessoas. De acordo com o sociólogo polonês Zygmunt Bauman: "Responsabilidade é o tijolo que constitui todo o nosso comportamento moral e surge de toda relação de proximidade do outro. Antes de toda e qualquer relação social, a moralidade é, antes de tudo, responsabilidade para com esse próximo, condição de possibilidade para toda sociabilidade".

O grande problema é que, quando transformamos esse próximo em um outro distante, em um estranho, substituímos a responsabilidade pelo ressentimento, e assim passamos a suportar a situação, sem nos sentir moralmente atingidos ou imorais.

A concepção do sofrimento de alguém que não conheço como parte de minha responsabilidade seria exigir demais de mim, que já tenho um sem-número de obrigações. Já tenho de arcar com minhas próprias dores, sofrimentos e angústias, e, se eu me demorar sobre essa questão, sem dúvida acabarei no divã. Mas o ato de Pertencer não se trata apenas de estar ligado de modo direto aos problemas do mundo. Significa, em primeiro lugar, estar vivo, e a condição básica de respirar é que nos coloca em posição de dependência em relação ao outro; tal dependência exige que sejamos cordiais, atenciosos, amorosos, respeitosos a ponto de, muitas vezes, renunciarmos a vantagens pessoais em benefício de uma coletividade. É preciso ter consciência de que a diminuição do sofrimento alheio não depende apenas de nós e de que, muitas vezes, o sentimento de solidariedade, por si só, já tem o poder de conceder ao outro a sensação de proteção e acolhimento, estes de que todos nós precisamos quando vivenciamos situações difíceis.

A todo momento as pessoas buscam ser reconhecidas por algo, por suas ações e seus feitos, e isso está diretamente ligado às formas constituídas do conceito de moralidade, fomentadas pela própria sociedade para se viver em um meio de contínua disputa, uma luta incessante por manter-se no topo e em evidência.

A materialização do conceito de ter, caracterizado pela obstinação — de que é preciso ter a todo e qualquer custo —, é assustadora. É preciso que se esclareça que não vejo mal nenhum em "ter", senão o meu discurso seria carregado de hipocrisia. Não é um erro querer o melhor para mim e para minha família, trabalhar para o conforto dos meus filhos e proporcionar-lhes a melhor infraestrutura possível, uma boa escola, acesso ao conhecimento, uma boa casa, um bom carro, e também as condições para que eu desfrute das boas coisas que a vida oferece. A meu ver, isso não coloca em questão a responsabilidade que o "ter" nos traz nem nos torna diferentes pelo fato de batalharmos por aquilo que entendemos por qualidade de vida, mas nos orienta no sentido de que precisamos ser responsáveis diante dos privilégios eventualmente gerados pelo "ter" e de que devemos saber fazer uso de tais privilégios para realizar algo bom para o que está à nossa volta, sempre com o sentimento de responsabilidade social.

Com o desenvolvimento tecnológico, avançamos muito no que diz respeito à compreensão do universo. Hoje temos respostas imediatas para grandes questões e encontramos soluções que outrora pensávamos serem impossíveis, mas ainda há grandes e inúmeros desafios a ser enfrentados, alguns deles elementares tais como o porquê de continuar existindo tanta fome, tirania e violência no mundo. Por que 100 milhões de crianças são vítimas de tais atrocidades até agora?

Todavia, esses problemas não são de natureza científica, mas sim de natureza humana. Resultam de questões de ordem moral e da fragilidade do sentimento de humanidade entre as pessoas, por isso é preciso urgentemente resgatar esse estado de Pertencimento Social, de reconhecimento do outro.

Na escala de desenvolvimento moral criada pelo psicólogo e filósofo americano Lawrence Kohlberg, ele faz a distinção entre pensamento moral e ação moral, e sabemos que as pessoas que conseguem conversar em um elevado nível moral podem não se comportar de jeito coerente. Por essa razão, a atitude das pessoas é o maior reflexo moral, pois é a ação que evidencia o pensamento moral. Tomemos como exemplo o fato de que alguns jogam lixo na rua pela janela do carro em vez de guardá-lo e descartá-lo em momento oportuno. Certamente, tal ação seria repugnante no discurso coletivo, mas na esfera individual muitas vezes a história pode ser bem diferente.

Vivemos tempos obscuros com relação ao Pertencimento. Conceitos como os de cidadania, solidariedade, dever e respeito ao próximo estão cada vez mais distantes da nossa realidade cotidiana e, em consequência de nossa convivência social, principalmente quando precisamos recorrer a eles. Tudo isso apenas prova que tais valores, muitas vezes, não estão presentes nas coisas mínimas do dia a dia porque não fizeram parte de nossa formação.

Sabe-se que, em todo o mundo, a sociedade começa a priorizar a questão da segurança. Seja em Londres, Nova York ou São Paulo, os empreendimentos imobiliários procuram destacar os aspectos de morar em um lar mais seguro. Questões de ordem social, como o desemprego, a violência urbana e a falta de perspectiva de muitos jovens — em particular os que dispõem de poucos recursos e não têm acesso a boas escolas ou nem mesmo podem estudar —, tornam-se cada vez mais um grande desafio para que não sejam esquecidas. Eis a missão para diversas nações do mundo e as sociedades em geral.

Ajustes de processos não são suficientes. É preciso elaborar um novo modelo em que se prezem os nossos deveres para com a sociedade em que vivemos, é preciso reinventar a ideia de responsabilidade social como um todo. É o momento de refletir sobre a ideia de futuro que temos e o que efetivamente plantamos para o mesmo futuro, enfim, é necessário refletir sobre a responsabilidade individual de cada um em nosso estado de convivência, ou seja, o que de fato fazemos para o desenvolvimento e a melhoria de nosso bairro, de nossa comunidade, de nossa cidade para que essas ações sejam ampliadas a esferas maiores, como o nosso país.

Tribo das Mumuílas em Lubango – Huíla/Angola.

"Não se pode ensinar tudo a alguém.
Pode-se apenas ajudá-lo a encontrar por si mesmo."

GALILEU GALILEI

Fisiologismo social

Uma das grandes experiências que tive em minha vida foi trabalhar com o sistema prisional, com pessoas que se encontram em privação de liberdade. Parece estranho no primeiro momento, considerando todas as reservas da sociedade perante esse público. Na maioria das vezes o que se escuta é "joga uma bomba lá dentro e mata tudo", "essas pessoas não têm recuperação". Isso sem contar os programas sensacionalistas da televisão, em geral com o apresentador externando ódio para gerar comoção. Em nenhum momento se faz uma pausa para questionar quem são essas pessoas, saber de onde vieram, qual é a sua história, e principalmente se lembrar de que ninguém nasceu preso.

Um dia essas pessoas foram crianças indefesas, inocentes. Na maioria dos casos, o perfil do apenado no Brasil não foge à regra dos ambientes de pobreza, violência e privação de acessos mínimos à dignidade humana. Basta conhecer a realidade do sistema prisional brasileiro para observar recortes que farão entender a problemática.

Não quero fazer aqui uma defesa da população presa, até porque essas pessoas foram condenadas pela Justiça e estão cumprindo pena.

Minha única intenção é convidar a refletir sobre o fato de que, por trás dessa condenação, existe alguém que possui sonhos, desejos, talentos e potenciais. Uma vez não se realizando um trabalho direcionado para que esse alguém se reconheça como "gente", capaz de mudar a trajetória que o levou à condição de aprisionado, infelizmente esse indivíduo regressará ao sistema, considerando que a média de cumprimento de pena no Brasil é de cinco anos.

No dia a dia do trabalho nos presídios, elaborando projetos e programas que pudessem trazer novas perspectivas para essa população, encontrei uma nova realidade. Conheci pessoas incríveis, com grandes talentos, competências e habilidades que nem elas mesmas sabiam que tinham. Basta oferecer a oportunidade para que elas possam despertar e repensar novas alternativas, novos caminhos, que as façam ter objetivos. Quando ganharem a liberdade, essas pessoas poderão começar uma nova vida, distante de tudo aquilo que as levou à condição de preso.

O que me impressiona é o fato de muitos que se vangloriam por serem "gente de bem", pessoas honestas que pagam seus impostos e cumprem seus deveres, pronunciarem palavras de ódio, preconceito e mostrarem uma atitude sectária diante de tudo aquilo que contrarie a sua visão de mundo.

Outro dia encontrei um amigo religioso, desses que todos os domingos, com a Bíblia embaixo do braço, comparecem à igreja e fazem questão de contar ao mundo suas concepções divinas. Nessa ocasião, relatei a ele o trabalho que estava realizando junto aos presos. Para meu espanto, o amigo começou de imediato a proferir um discurso que muito me assustou, e digo que me assustou porque era com uma pessoa religiosa que eu conversava. Com a voz alterada, ele me disse que não concordava com o que eu fazia e que aquelas pessoas tinham de sofrer eternamente isso e aquilo. Em meio àquele turbilhão de preconceitos, apresentei o seguinte argumento:

"Meu caro amigo, você, como religioso e defensor da sua fé, prega o amor ao próximo. Nessa Bíblia que você carrega existem vários textos sobre a importância de visitar os que estão presos, falando de amor, de misericórdia, de perdão e outras coisas mais. Acredito que você saiba pouco sobre o que fala, pois se vivesse minimamente o que este livro preconiza não teria esse comportamento preconceituoso e arrogante."

O resultado disso vocês poderão imaginar. Desde então ele não conversou mais comigo. Eu me sinto mal por isso, porém não posso mais aceitar, por conveniência, esse tipo de atitude. Fico inquieto, mesmo sabendo que posso perder uma amizade. O que me deixa angustiado é saber que é muito comum esse tipo de relacionamento baseado no fisiologismo: para ficar bem perante o outro, aceita-se tudo; diante de situações de impasse, vai-se mudando de opinião para evitar o embate, sem defender aquilo em que se acredita.

Precisamos reverter o paradigma de que não se discute futebol, política e religião. É evidente que não estou falando de discussões que levem para o sectarismo, mas sim para a tolerância, a aceitação do diferente, da opinião contrária, respeitando os posicionamentos alheios e sem cair em contradições como a do meu amigo. Este vive em uma couraça da religião que serve para dizer aos outros, ou para quem quer que seja, que ele é bom, que vai para o Céu, mas vive uma mentira: não respeita o seu semelhante, não o ama como a si mesmo, tampouco o aceita – pelo simples fato de ele ser diferente.

Falando em privação da liberdade, vivemos também outros tipos de aprisionamento: uma minoria acomodada a privilégios, presa em sua zona de conforto, muitas vezes sem capacidade ou sensibilidade para refletir sobre quem está do outro lado do muro, de compreender que aquele que está do outro lado é parte indissociável da sua própria vida. Cedo ou tarde haverá esse encontro, e, mesmo com todo o aparato que os separa, ambos estarão vulneráveis às mazelas que a sociedade apresentou a uns e retirou de outros.

Formação do Projecto Jango – Luanda/Angola.

"Nada lhe posso dar que já não exista em você mesmo. Não posso abrir-lhe outro mundo de imagens além daquele que há em sua própria alma. Nada lhe posso dar a não ser a oportunidade, o impulso, a chave. Eu o ajudarei a tornar visível o seu próprio mundo, e isso é tudo."

Hermann Hesse

Os "invisíveis" do novo século

A invisibilidade social é historicamente retratada nas sociedades humanas, e tem sido um grande desafio no século que vivemos. Cada vez mais as pessoas se fecham em seus mundos, distanciam-se do que é comum, criam e recriam ambientes específicos para seu transitar, já definindo quem desejam encontrar e quem não querem ver pela frente, quem faz parte desse mundinho nos altos muros e quem representa uma ameaça a sua zona de conforto.

Sempre que posso vou comprar pão numa padaria perto de casa. Aliás, adoro padarias, gosto do ambiente e do tradicional pão na chapa com o cafezinho. Bem acomodado em uma das mesas, fico observando o movimento. Certa manhã, por volta das 7 horas, havia gente entrando e saindo a todo momento. À porta do estabelecimento, uma senhora uniformizada entregava as comandas aos clientes que chegavam. Naquela correria de início de dia, as pessoas entravam rapidamente, pegavam a comanda e em sua maioria nem sequer olhavam para a mulher. Aquilo ficou na minha memória por algum tempo.

Dias depois, voltei à padaria no mesmo horário. Mais uma vez, lá estava a senhora à porta entregando as comandas. Quando me aproximei para pegar a minha, cumprimentei-a com um alto e entusiasmado "Bom dia". Ela levou um susto, respondeu meio atrapalhada e eu segui em frente, procurei uma mesa e, para não perder o costume, pedi um café e um pão na chapa, sem o miolo. Fiquei ali observando o vaivém do público e refletindo sobre o fato de as pessoas não enxergarem mais as pessoas. Tudo ficou automatizado. Para muitos, aquela senhora é apenas parte do cenário. As nossas urgências são maiores do que um simples "Bom dia", "Como vai?", "Tudo bem com você?". Lembremos que a mulher chegou a se assustar diante do meu cumprimento, tão acostumada que está à invisibilidade naquela porta de padaria.

Quando jovem, tive a felicidade de trabalhar com um grande pensador e empreendedor, que tinha o dom de tocar a alma das pessoas com seus ideais. Acredito que ele tenha sido uma das minhas grandes motivações na área social. Luis Norberto Pascoal me ensinou pelo amor e pela dor, sempre terno quando me inseria num processo educativo e austero quando exigia algo à altura da minha capacidade. Ele me ensinou, num momento difícil, o valor do caráter, ajudando a me tornar resiliente diante da vida.

Esse meu mestre sempre fazia questão de falar por meio do imaginário. Exímio contador de histórias, ele uma vez descreveu, com entusiasmo, a história do Fantasma da Ópera, pois inúmeras vezes havia assistido ao famoso espetáculo em Nova York. Lembro-me de ter ouvido atentamente o seu relato. O fantasma, por ter o rosto desfigurado, sentia-se excluído e, para esconder seu problema, passou a usar uma máscara e a viver escondido num porão de teatro.

Depois de explicar cada detalhe da história – e de eu ficar imaginando como seria o espetáculo –, com sua grande habilidade para fazer refletir, começou a fazer uma comparação desse famoso enredo com a vida de milhões de pessoas que, assim como o Fantasma da Ópera, vivem oprimidas, carregando consigo uma marca de deformação social, de exclusão e de apatia.

Esses indivíduos são frustrados em seus sonhos, banidos de seus valores; crescem ignorantes de seus direitos, vivendo em favelas, sótãos, porões e debaixo de pontes. A diferença é que a máscara do fantasma de hoje é o seu próprio rosto.

Criança a caminho da escola na Vila de Viana –
Viana de Luanda/Angola.

"A solidariedade é o sentimento que melhor expressa o respeito pela dignidade humana."

FRANZ KAFKA

Educação como significante social

A educação, além de um remédio fantástico que nos cura da ignorância, pode vir a ser também um veneno, se mal administrada. Trata-se da origem de uma "doença" social: o fosso entre os que têm recursos e acesso à boa educação e os que pouco têm, a quem resta a educação que o Estado oferece que, como se sabe, é muito deficitária. A educação, quando aplicada em todos os níveis, com a mesma intensidade e qualidade, tem o poder de transformar uma nação. Quando aplicada de maneira insuficiente, é responsável pela deterioração social generalizada, como esta na qual vivemos. Com todos os avanços da ciência, da tecnologia, é mais do que urgente que todos tenham iguais condições para aprender.

No mundo atual, com todas as regiões do planeta conectadas entre si, é cada vez maior a competição entre países. O destino de uma nação está nas mãos de seu povo, mas, para que esse povo tenha aparatos para manter a sua nação forte, é necessário que lhe seja proporcionado um mínimo de conhecimento e de infraestrutura: saúde, habitação, saneamento básico, alimentação. A criança deve ter um lar e as condições básicas para sua formação. Estrategicamente, a educação merece ser vista como a grande prioridade.

A princípio, poderíamos imaginar que as desigualdades são inerentes a qualquer sociedade, inevitáveis em qualquer comunidade. Porém, o fato de haver crianças e jovens que não têm acesso ao mesmo tipo de educação e que, portanto, não estão em igualdade de condições com crianças e jovens de famílias com melhor condição financeira, é, por si só, um fato de injustiça social que não poderia ser tolerado. A educação, em especial a educação básica, é uma ferramenta fundamental para que crianças e jovens estejam todos em um mesmo patamar em sua formação e preparação para a vida adulta. Desse modo, seria possível dizer que as conquistas pessoais devem-se ao mérito de cada um, e não ao fato de outros indivíduos que pleiteavam os mesmos objetivos não disporem dos recursos e oportunidades para se preparar adequadamente.

Toda pessoa tem o direito de sonhar, de ter oportunidades para tornar sonhos realidade e de receber uma educação apropriada para seguir em busca de seus projetos pessoais. A falta de perspectivas gera descrédito, insegurança e a perda da autoestima. Os indivíduos que experimentam o sentimento de exclusão social não raro passam a entender que nada têm a perder, acabam por tornar-se apáticos, o que representa uma ameaça a si mesmo e aos outros. A perda para a sociedade é irreparável.

A evolução da ciência, a rapidez da transformação tecnológica e da globalização têm provocado uma alteração dramática nos processos produtivos em todo o mundo, o que resulta em certos ajustes muito dolorosos. O desemprego estrutural se alastra em todo o planeta.

A história mostra que movimentos marcantes de transformação social têm paralelo na evolução da ciência. O impacto atinge proporções não imaginadas algum tempo atrás. O primeiro movimento, em que se introduziu o uso de máquinas movidas a água e depois a vapor, foi liderado pelas indústrias têxteis. O segundo, regido pela eletricidade e pelos motores de combustão interna, foi acompanhado pela expansão do transporte, dos mercados e da produção em massa. O terceiro, a revolução da informação, teve como elementos embrionários a televisão e o telefone; por volta de 1970, com o computador pessoal — comumente chamado de "PC", sigla de "*personal computer*" —, sofreu forte aceleração, formando uma sociedade informatizada e, de tempos para cá, globalizada.

Nesse processo, quem tinha emprego na agricultura e o perdeu, mas dispunha de alguma formação, acabou indo para a indústria. Os que saíram da indústria não tiveram grandes dificuldades em migrar para o setor de serviços. Mas agora, por meio da tecnologia, o setor de serviços está sendo reinventado e já há algum tempo reduz o uso de mão de obra não qualificada. Nesse terceiro movimento, em quase todas as atividades se exigem novos conhecimentos, fundamentados na educação formal do trabalhador. Em toda essa mudança, apenas uma minoria começa a dominar os novos processos.

A altíssima velocidade dessas transformações desmorona a estrutura gerencial e produtiva, e acaba pegando de surpresa pessoas habituadas a modelos mais tradicionais na gestão de produção e de serviços. É como se estivéssemos prestes a superar a barreira do som, mas voando num avião comum de carreira. Uma considerável parcela da sociedade, que ainda não está preparada para compreender os novos processos, passa a ser alijada do mercado de trabalho. O impacto social desse choque pode ter o mesmo reflexo do aerodinâmico: a quebra de muitas vidraças.

A divisão de classes tem como consequência o desenvolvimento de poderosos grupos, que passam a concentrar cada vez mais o poder econômico. As transformações tecnológicas propiciam aos detentores do monopólio da informação o poder que antes pertencia à nobreza e ao clero (que possuíam o domínio da terra e apenas tinham acesso à informação e à educação), que depois passou a ser dos navegadores e mercadores (o domínio da rota das especiarias) e, mais recentemente, dos donos das máquinas (o domínio da produção industrial).

No mundo informatizado, os desenvolvedores dos softwares, da inteligência virtual e dos novos meios de comunicação é que são os poderosos. O "bonde" da história é o mesmo, mas, a partir da virada para o terceiro milênio, parece andar cada vez mais rápido, tornando-se cada vez mais difícil de ser alcançado.

No passado, o contraste ideológico entre o que se convencionou ser "direita" e "esquerda", entre leste e oeste, foi uma ameaça. Hoje, o contraste entre ricos e pobres, educados e não educados, empregados e desempregados, parece ser uma ameaça muito maior. Compõe uma realidade demasiadamente séria e cruel. Uma realidade que todos partilhamos, mas na qual se perde a mínima noção do que se entende por "humanidade". Alguns optam pelo enclausuramento, pelo isolamento, e outros, marginalizados, percebem não ter muito a perder, e assim atacam a seu modo as regras e convenções do sistema a que foram relegados. A busca pela sobrevivência às vezes é comparada com aquela das primeiras sociedades humanas, a dos caçadores, na época em que o homem ainda precisava usar seu instinto para lutar pela sobrevivência. Luta essa que hoje contrasta com o conformismo de outros em condições mais privilegiadas, sem qualquer visão social de futuro, resultado de sua zona de conforto, que, por questão de comodidade, lhes permite fazer vista grossa diante da realidade que os cerca.

A deputada holandesa Judith Sargentini, que durante muitos anos foi coordenadora da European Network for Information and Action on Southern Africa (Rede Europeia de Informação e Ação na África Austral). Em 2009, a seu convite, participei da primeira conferência do Parlamento Europeu sobre a África, realizada em Bruxelas, na Bélgica, e desde então tenho tido espaço nesses encontros pelo mundo.

"Eu não acredito em caridade. Acredito em solidariedade. A caridade é tão vertical: vai de cima para baixo. A solidariedade é horizontal: respeita a outra pessoa e aprende com o outro. A maioria de nós tem muito que aprender com as outras pessoas."

EDUARDO GALEANO

Renovo

A experiência na área de gestão social permitiu que eu pudesse acompanhar diversas reuniões, seminários e fóruns em entidades do denominado terceiro setor. Em diversas oportunidades me vejo refletindo sobre o que de fato estamos fazendo. Há projetos de todos os tipos, modelos e tamanhos, mas o que há de realidade em termos de renovo social para as estruturas e ideias vigentes com o intuito de ajudar as pessoas que tanto precisam? Algo que tenha resultado prático e fomente nelas a esperança de uma vida melhor, considerando não os nossos desejos sobre como ajudá-las, mas sim os seus próprios desejos e necessidades.

Em particular, aprecio muito a palavra "renovo", pois ela soa em meus ouvidos como algo que traz repouso, liberdade, esperança, e movimenta o desejo de fazer algo importante para as pessoas que tanto sofrem com injustiças em uma sociedade sectária. Renovar para despertar, renovar para libertar, renovar para dar ao outro dignidade e respeito, autonomia em suas escolhas: é exatamente isso o que chamo de renovação do estado de Pertencimento, capaz de oferecer aos fragilizados dentro da sociedade condições de estar nas redes de conhecimento para protagonizar as mudanças não apenas em suas vidas, mas para ser responsáveis também pelo mundo que os cerca, na plenitude de sua humanidade.

Certa vez, ao término de uma palestra para um grupo de funcionários de uma grande empresa, uma senhora me interpelou da seguinte maneira: "Menino, acho você muito sonhador em relação à humanidade. Não adianta tanto esforço. Quando você chegar à minha idade, vai ver que não adiantou nada, que pobre sempre vai existir, e que o certo mesmo é cuidar da sua vida e dos seus familiares, e sempre que puder procurar fazer o bem às pessoas, pois isso gratifica a alma..." Fiquei inerte por uns instantes, ponderando aquela fala misericordiosa e ao mesmo tempo pessimista, e, após muito refletir, cheguei a uma conclusão um tanto inesperada: aquela senhora, de algum modo, parecia já estar morta, mas faltava que alguém a avisasse disso. Bom, se a prática do bem gratifica a alma, não estender a mão aos que precisam seria uma forma egoísta de entender minha função social, e assim eu não teria a convicção do que significaria fazer o bem, que é essencialmente o amor ao próximo.

É intrigante esse discurso de candidato ao Nobel da Paz, que se caracteriza por certa melancolia, olhares angelicais, quando o que precisamos mesmo é da chegada do dia em que não mais teremos de discutir as fatalidades e as guerras do mundo, dia em que poderemos projetar, sem discursos utópicos, um modelo de sociedade que embrionariamente será capaz de compreender que tudo o que diz respeito ao bem-estar social está ligado no íntimo à nossa existência, sem a necessidade de declarar a todo momento a proclamação de renovação permanente da esperança. Considerando isso, faço uso das palavras que o educador colombiano Bernardo Toro proferiu em uma palestra certa vez e que nunca esqueci: "Feliz o dia em que homens e mulheres não mais serão elogiados pelo bem que fazem. Somente assim teremos uma sociedade madura para sua convivência social."

Não tenho a pretensão de propor novos métodos ou programas direcionados à área social, até porque não creio nesse tipo de condução dos fatos, considerando que os processos que apresentam um formato preestabelecido são no mínimo limitadores e, por consequência, anulam a capacidade de desenvolvimento dos envolvidos.

Como docente, ao longo do tempo, passei a padecer de algumas "neuras", principalmente quando me pego pensando sobre o que estou fazendo dentro de uma sala de aula que, em determinados momentos, poderia ser chamada de "cela de aula". A condução do conhecido "programa pedagógico" é mais importante do que a criação de um espaço para uma educação libertadora, na qual o aluno não seja refém de encaminhamentos e diretrizes preestabelecidos pela instituição, mas que tenha a possibilidade de ser conduzido ao conhecimento por pessoas e sistemas que valorizem seus dons, talentos, potenciais e habilidades ainda por despertar e ser descobertos.

Visita a comunidade com lideranças – Maputo/Moçambique.

"A solidariedade converte em direito o que a caridade dá como favor."

(José Ingenieros)

Vaidades

Na Bíblia há um livro chamado Eclesiastes. Nos seus capítulos e versículos há reflexões sobre o mundo, sobre o homem e sobre Deus, que nos convidam, independentemente de nossas crenças, a pensar sobre as nossas relações. Tal reflexão traz a expressão "vaidade" como importante significante, resultante de nossas ações.

Até agora nos deparamos, em ocasiões frequentes, com pessoas que insistem em negar sua própria condição de vulnerável, de limitado, de simples mortal, principalmente aqueles que se dizem autossustentáveis. Não tenho a pretensão de discutir se a natureza do homem é boa ou má. Para aqueles que têm a razão como norte do pensamento, recomendo algumas boas leituras para o assunto, como os pensadores Rousseau e Hobbes ou Carl Rogers, na psicologia, que faz uma abordagem centrada no indivíduo. Além desses, temos tantos outros que ao longo da história já discorreram sobre o assunto, mas, enfim, contrariando muitos, prefiro a abordagem de Eclesiastes (9:11):

"Observei ainda e vi que debaixo do sol não é dos ligeiros a carreira,
nem dos fortes a peleja,
nem tampouco dos sábios o pão,
nem ainda dos prudentes a riqueza,
nem dos entendidos o favor;
mas que a ocasião e a sorte ocorrem a todos."
(*Bíblia Sagrada.* Trad. João Ferreira de Almeida)

Pois é, "o tempo e o acaso afetam a todos", refletindo o mundo em que vivemos. Achamos pessoas que acreditam estar acima de qualquer coisa, usam da altivez, da prepotência, da arrogância em função do poder que imaginam possuir, provocando humilhações, indiferença e submissão aos que estão a sua volta.

Esse tipo de comportamento externa a desigualdade não apenas do âmbito econômico, mas afeta impiedosamente a identidade social das pessoas que acabam sendo atingidas pela opressão e descaso que essas manifestações de poder consolidam na sociedade de consumo, na qual o "ter" é o que referencia quem somos.

Estamos todo o tempo numa corrida alucinante contra um tempo preestabelecido, com o intuito de sermos reconhecidos e identificados pelos nossos feitos em meio à multidão, mas o tempo que nos é impingido não nos permite nem ao menos questionar se é isso o que de fato queremos.

Desde muito cedo somos conduzidos, de maneira estrutural, a nos personificar às demandas institucionais: "o caminho é por ali", "é por aqui", "é por acolá"... Isso me faz pensar no tamanho do desafio da nova geração, que cada vez mais tem suas relações sociais automatizadas, fazendo prevalecer o virtual em vez do factual e real.

Diminui o contato físico, a troca de olhares, o intercâmbio sinestésico, que auxilia na compreensão do meio do qual todos fazemos parte e, principalmente, possibilita aos jovens cidadãos terem a noção de que são parte integrante desse meio. Esses jovens têm a responsabilidade de ser protagonistas e executores de um plano para um mundo melhor, que lhes garanta condições de igualdade e uma identidade social. Nesse mundo, o poder concentrado, a ganância e tudo o que seja fator de desigualdade e seja abominável à edificação de valores humanos poderão ser substituídos pela aceitação, pela solidariedade, pelo amor e pelo desejo de servir, pois o que não contempla tal ideia não passa de pura vaidade, como dito no livro de Eclesiastes.

Passeio com a turma do curso de Desenvolvimento Comunitário em Lubango – Huíla/Angola.

"A solidariedade é o sentimento que melhor expressa o respeito pela dignidade humana."

(Franz Kafka)

Educação para agir

O discurso segundo o qual a educação é o único caminho para reverter o estado fatalista dos nossos dias já é muito conhecido por todos nós, principalmente durante os períodos eleitorais. O mesmo se pode dizer sobre a cidadania: todos se tornam cidadãos nesses mesmos períodos, desde que exerçam o direito do voto. Aliás, educação e cidadania são condições indissociáveis; não é possível falar de uma sem falar da outra.

Entendo que um bom programa de educação, em primeiro lugar, não deveria ser um programa. A palavra nos remete a roteiro, direção, coadjuvantes e atores principais – estes últimos mais interessantes –, entender quem são eles, para que e por que existem. Isso sem mencionar que a maioria dos programas pedagógicos é elaborada por meia dúzia de pessoas fechadas em uma sala com ar-condicionado, que não participam do dia a dia dos chamados educandos, apesar de exigirem que seus programas sejam executados.

Não se pode mais pensar a educação sem dar a ela um significado social que potencialize as estações de vivência dos envolvidos, concepção freireana sem dúvida. Aliás, fico imaginando o quanto Paulo

Freire se debateu com os intelectos da chamada educação, tentando fazê-los compreender a importância de priorizar o meio em que vivem as pessoas, considerando que são mediatizadas via experiências e olhares.

Considero grande desafio o processo de despertar para o Pertencimento Social que envolve a educação, em qualquer esfera, desde a fase infantil, quando somos referenciados pelo mundo que nos cerca. Daí a importância de uma educação voltada para valores, estimulando a formação do caráter, do reconhecimento do outro como igual, até a formação de jovens e adultos. A perspectiva é a de educar para a convivência social, para a solidariedade, o afeto e a aceitação do diferente.

Educar para a paz, educar para a vida, educar para o aprender a aprender, ensinar o ensinar, fazer o fazer e compreender o desconhecido, tudo isso numa dimensão de alteridade social, na qual as relações sejam de respeito e não do que se possui para dizer o que se é, mas tendo a possibilidade de se aproximar porque se é humano. A vida é efêmera demais para o não Pertencer, para se distanciar da própria vida, da vida do outro e de tudo que o cerca.

O mundo tornou-se rápido demais, capitalista demais, frio demais, e, apesar da melhoria do bem-estar, os sonhos carregados de certo romantismo, alimentados pela ideia de um mundo sem fronteiras, com justiça e harmonia, ainda parecem estar muito distantes da realidade.

Há mudanças por toda parte, cada vez mais velozes. Dia após dia nos vemos diante de novas situações, até há pouco inimagináveis. Algumas dessas transformações até poderiam ser chamadas de progresso, enquanto outras poderiam ser claramente denominadas de “desvios sociais”.

Os indivíduos não conseguem acompanhar essas transformações porque não têm o aporte de uma educação adequada e, como resultado de uma educação deficitária, são excluídos da sociedade por uma razão ou por outra.

O acesso às redes do conhecimento só tem função social, quando exerce a cidadania dentro de um conceito de totalidade. Fazer valer o exercício da cidadania, tendo o direito de interagir para um interesse comum da comunidade em que se vive, é a oportunidade de exercer direitos e de ter a liberdade de produzir algo que refletirá na vida em sociedade.

Não se trata aqui apenas de considerar a liberdade como base da democracia. Mas liberdade também implica compromisso. É preciso que haja a conscientização de que um mundo melhor virá do exercício e do cumprimento de uma cartilha de responsabilidade social, e esse compromisso social precisa ser reafirmado constantemente.

Investimentos devem ser direcionados à educação, e deve ser priorizada uma infraestrutura de suporte à educação que tenha qualidade. As escolas devem dispor de condições básicas para o bom desenvolvimento das aulas.

A educação não deve se limitar às escolas. Deve ser expandida, e os investimentos só serão eficazes quando a família e a comunidade forem atuantes e tiverem bem claros os seus papéis no processo de empoderamento.

Evento Comemorativo pela Luta do Povo Sertanejo
em Canudos – BA/Brasil.

"A verdadeira solidariedade começa onde não se espera nada em troca."

Antoine de Saint-Exupéry

Um imaginário de conquistas

Sempre ouvi, desde a infância, que as crianças são o futuro do país, mas às vezes tenho a impressão de que nesse futuro será sempre feriado, isso porque, na maioria das vezes, nos chamados programas de educação, ainda se trata o jovem como mero receptor das gerações adultas. É preciso dar espaço para essa juventude, situar os jovens como atores principais do seu próprio desenvolvimento, permitir que pensem o mundo adulto que desejam construir e impedir que repitam modelos que já comprovaram sua fragilidade. Se ainda somos obrigados a discutir temas como cidadania, solidariedade, compromisso social e Pertencimento, certamente alguma coisa não deu certo.

Temos de viabilizar uma articulação inteligente entre os três setores — o poder público, o poder econômico e a sociedade civil —, além de criar uma estrutura de educação que contemple em suas diretrizes áreas importantes como cultura, arte e práticas esportivas.

Todos nós precisamos de uma causa em nossas vidas, e para tanto é essencial contemplarmos um imaginário de conquistas, de ideais, que funcionarão como mola propulsora para o desenvolvimento de nossos talentos e habilidades. Devemos ser protagonistas, em vez de nos contentar em sermos meros coadjuvantes da vida. É preciso lembrar que o amor e a amizade são as bases para o fortalecimento do que denominamos Pertencimento Social, os alicerces de uma sociedade em que a responsabilidade para com o outro seja uma das razões fundamentais da vida, um valor que deve ser o diferencial para a qualidade de nossas existências.

Se não fizermos a nossa parte, de nada adiantará encontrarmos culpados para os problemas do mundo. Também temos responsabilidades, primárias e secundárias, das quais não podemos nos eximir. Não basta remediar os problemas: é necessário preveni-los. É preciso compreender antes de tudo o que são essas transformações, os novos ambientes, os desafios, e então trabalhar para colocar em prática tais processos. Cada boa ideia, cada bom ato pode ser de grande valor para a transformação e a melhoria qualitativa da sociedade.

É mais do que urgente criar um ambiente permanente de conquistas e ideias, especialmente para a nossa juventude, permitindo que os jovens façam pleno uso da sua condição e saibam colher os aprendizados desse momento único da vida, sem perder de vista objetivos e sonhos. A esperança é que estes não agrupem apenas uma ideia de futuro no plano pessoal, mas contenham iniciativas e propostas que possam servir a toda a sociedade. É essencial que tenham um compromisso com o que os cerca e um sentimento de Pertencimento ao meio em que vivem.

Palestra para comunidade em Recife – PE/Brasil.

"Estime a solidariedade. Você não poderá viver sem os outros, embora os outros possam viver sem você."

André Luiz

Pertencimento e Inclusão

Os termos "Pertencimento" e "Inclusão" social, em primeiro lugar, consistem em "um enfoque conceitual, resistindo a uma definição unívoca, que costuma evocar uma ansiedade da comunidade, diante de um cenário de globalização e de transformações profundas, que muitos associam à fragmentação social e à perda de estabilidade de laços, construídos por intermédio da afetividade local com vizinhos, amigos e a comunidade como um todo.

É necessário passarmos por uma reflexão crítica, em oposição à ideia de Pertencimento e inclusão social como uma corrosão da legitimidade e governabilidade das instituições dominantes que se debruçam sobre o aprofundamento das lacunas sociais, ao surgimento de identidades moldadas às estruturas de interesse, à excessiva racionalização econômica e à tendência, igualmente desmedida, de individualização e enfraquecimento do que é público.

Essa tendência também interfere de modo nocivo em conceitos de sustentação do bem-estar social, por exemplo, na compreensão da cidadania em suas entrelinhas, considerando que cidadania não é uma ação íntima ou de estado privado, mas sim de uso e interesse público.

Há trinta anos, se alguém usasse de violência contra os filhos como forma de castigo, nem o vizinho nem qualquer outra pessoa próxima poderiam interferir, pois se tratava de um problema de âmbito familiar, no qual não se admitiam intromissões. Hoje, se nos deparamos com situações como essa, é nosso dever acionar os órgãos de proteção à criança, com base no ECA (Estatuto da Criança e do Adolescente). Considero isso a publicitação do estado privado, um elemento de cidadania que toma seu caminho natural.

A inclusão social tem de transitar por todas as agendas de políticas públicas e contar com a garantia de que todos os acordos estabelecidos, seja na esfera do governo federal, estadual ou municipal, estejam de fato comprometidos com um conjunto amplo de políticas e indicadores orientados para diminuir a lacuna de rendas, como também garantir maior acesso ao emprego, à educação e aos serviços de saúde. Isso possibilitará às pessoas serem protagonistas dessas transformações a partir dos direitos sociais, fortalecendo a existência de uma relação intrínseca entre a inclusão social e a provisão de mecanismos de integração e pleno Pertencimento à sociedade.

Nesse sentido, a inclusão social, como primeiro estágio da autonomia para a cidadania, vincularia causalmente os mecanismos de integração e bem-estar ao pleno Pertencimento Social das pessoas. Inclusão e Pertencimento são os pilares sobre os quais a noção de convivência social se estrutura para o estado de alteridade.

Podemos considerar a perspectiva sociológica de Émile Durkheim, segundo o qual a existência de uma sociedade se sustenta pela coesão social, que assegura sua continuidade e só se torna possível quando os indivíduos se adaptam ao processo de socialização, ou seja, quando são capazes de assimilar valores, hábitos e costumes. Estes definem a maneira de ser e de agir característicos do grupo social ao qual se pertence. Ele denomina isso consciência coletiva, na qual o conjunto das crenças e dos sentimentos comuns à média dos membros de uma mesma sociedade vai formando um sistema determinado, com vida própria. Essa consciência coletiva intervém o tempo todo na vida das pessoas, sendo capaz de coagir ou constranger os indivíduos a se comportarem de acordo com as regras de conduta definidas pela coletividade.

O primeiro pilar da inclusão e do Pertencimento passa pelo capital social, que Alexis de Tocqueville define como a compreensão da capacidade que pessoas e comunidades possuem de se organizar por normas coletivas, construindo e preservando as redes e os laços de confiança, reforçando a ação coletiva e fortalecendo as bases de reciprocidade, que vão além de suas limitações territoriais, estendendo-se gradativamente ao conjunto da sociedade.

O segundo pilar baseia-se na integração social, que supõe não só a melhoria das condições de acesso às redes do conhecimento, mas também a dos acessos à inclusão, que gera a autonomia social, promovendo maiores possibilidades de participação ativa das pessoas e criando uma comunidade de sentidos que se sustenta pela solidariedade, eixo central da concretização da harmonia social.

O terceiro pilar consiste, mesmo diante de um cenário globalizado, em estabelecer o estado de convivência social, que possibilita criar condições para que pessoas, grupos e famílias exerçam seus direitos, tenham acesso aos recursos, participem da sociedade, sejam protagonistas das suas próprias vidas e da comunidade onde se inserem, sejam integralmente cidadãos, autônomos e responsáveis por seu próprio meio.

Não é possível haver inclusão e Pertencimento em uma sociedade que anula as capacidades das pessoas, sobretudo aquelas que ainda sobrevivem em condições vulneráveis social e economicamente. Ao se romper com a lógica do assistencialismo e imprimir a lógica da justiça, essa ajuda não deve se restringir a uma ação caridosa ou a um alívio da consciência por encontrar-se em situação privilegiada em relação ao outro, mas porque é justo e honesto, dando a essas pessoas condições de se desenvolver e se tornar de fato protagonistas de suas vidas.

Projecto Jango – Luanda/Angola.

"Não existe outra via para a solidariedade humana senão a procura e o respeito da dignidade individual."

PIERRE LECOMTE DU NOÜY

Pertencimento e Causa Social

Na vida precisamos ter motivação, necessidade indissociável do ser. Não à toa, as palestras motivacionais estão na crista da onda, sem contar os livros de autoajuda, que encontramos em todos os lugares, com títulos convidativos como "seja feliz o tempo todo", "dez passos para a felicidade" ou "três passos para viver e trabalhar feliz".

Algumas pessoas buscam facilidades, pensando que para tudo há uma receita mágica. Certa vez, uma amiga confidenciou que, após sofrer uma desilusão amorosa, digitou no Google a seguinte frase: "Como faço para esquecer uma decepção sentimental?". Curioso, perguntei a ela qual havia sido o resultado da pesquisa, e ela, gargalhando, me respondeu que a busca retornou mais de 10 mil resultados.

A liquidez de Bauman nos faz ter preocupações com o futuro; a individualização da vida social potencializa o enfraquecimento do ato de Pertencer; as facilidades do mundo moderno apresentam novos cenários para o que se entende por identidade social, e com isso surge um considerável número de categorias sociais em que podemos ou não estar incluídos.

Deixando de lado as questões socioeconômicas, façamos um exercício e rememoremos aquele famoso questionário em que se perguntava quantos aparelhos de televisão tínhamos em casa, se possuíamos geladeira, micro-ondas, entre outras perguntas, para que se pudesse então traçar o nosso perfil socioeconômico. Pois é. Hoje, para a definição de tal perfil, são necessários outros referenciais, como as redes sociais, pois todos os dias somos indagados sobre aquelas em que estamos inseridos, quantos contatos e amigos temos nessas redes, e assim por diante.

Compreendo com perfeição e aceito com tranquilidade o que resulta desse desenvolvimento. Também sou parte desse processo de transformação e não posso me colocar na condição de ermitão, buscando o isolamento. Tenho consciência da importância dos avanços que a tecnologia tem nos trazido, mas o que me causa inquietação é de modo exato a falta de um ponto de equilíbrio nessa dinâmica enlouquecedora, em que o desenvolvimento humano possa acompanhar da mesma forma o desenvolvimento econômico, e dessa relação possa resultar a construção de caminhos e o surgimento de alternativas para que todos possam ter oportunidades. Hoje, a ordem econômica dita as regras, e as pessoas batalham diariamente para conquistar seu espaço.

Há algum tempo tive a feliz oportunidade de realizar um trabalho no sertão nordestino, região de nosso grande Brasil muito castigada pela seca, apesar da riqueza que esse bioma nos apresenta. E lá tive a alegria de compartilhar com muitas pessoas momentos indescritíveis, os quais carregarei para sempre na memória. Recordo-me especialmente de um episódio envolvendo uma garotinha de onze anos que aconteceu logo após uma palestra para um grupo de jovens em um barracão de madeira improvisado, no qual não havia nem mesmo energia elétrica, mas apenas um lampião. Enquanto falava aos jovens sertanejos, eu podia observar na escuridão aqueles olhinhos brilhando, bem atentos a qualquer movimento que eu fazia. Era uma noite muito especial, um bate-papo bem informal, que não poderia ser diferente diante do cenário que o sertão nos apresenta. Eu falava a eles sobre sonhos. Com a participação dos ouvintes, a conversa fluía de maneira surpreendente, e, por um momento, percebi que já não era mais necessário que eu dissesse alguma coisa: eu precisava, ao contrário, passar a ouvir com atenção o depoimento de cada um daqueles meninos e meninas, as experiências e sonhos que, naquela terra distante, mostravam-se muito vivos e prontos para enfrentar qualquer situação. Eles se mostravam de fato resilientes, confiantes e verdadeiros em cada uma de suas palavras.

Ao término dessa comunhão, que em pouco tempo deixou de ser uma palestra, fui convidado por eles para um lanche. Em sua simplicidade, eles ofereceram o que tinham de melhor. A garotinha que eu mencionei aproximou-se de mim e, com um jeito todo especial, que eu seria incapaz de descrever em palavras, cochichou ao meu ouvido: "Tio, enquanto você falava de sonhos, fiquei pensando, além de tudo o que meus amigos disseram, que tenho um em especial, que é um dia poder não apenas *eu*, mas toda a minha família e minha comunidade, comer um tomate sozinho, inteiro, sem precisar dividir ele em dez pedaços."

Aquilo me fez remoer por dias, semanas, meses, anos, e até hoje faço referência àquela fala inocente, de uma criança de onze anos, sobre o que aquela fala poderia significar, e também sobre minha limitação para compreender a significância daquele momento. Quando volto para os meios urbanos, com todas as facilidades que podem oferecer, principalmente aos que se encontram em condição econômica privilegiada, percebo todo o desperdício de oportunidades que há nesse meio, sem considerar o "Despertencimento", o não reconhecimento do outro como seu igual, ao fechar-se em grupos, setores cuja filosofia principal da vida é o “ter”. Trancafiando-se em lugares onde o “ser” é um termo estranho, tais indivíduos tornam-se cada vez mais indiferentes.

Mercado – Huíla/Angola.

"Faça as coisas da maneira mais simples que você puder,
porém não se restrinja às mais simples."

Albert Einstein

Pertencimento da liquidez

Aproveitando o conceito de liquidez de Bauman, podemos dizer que estamos vivendo o Pertencimento líquido, considerando que Pertencer também pode ser entendido como crença, mesmo que subjetiva. Tal crença pode unir pessoas distintas em torno de algo em que não necessariamente acreditam, por estarem na mesma espacialidade social, morarem no mesmo bairro, na mesma cidade ou, por que não, no mesmo país.

Esse sentido de Pertencer pode transpor o conceito de espacialidade na medida em que se transforma em sentimento, por exemplo, o fato de sofrermos quando temos notícias de terras distantes onde pessoas estão sendo submetidas a todo tipo de violência ou privação de suas necessidades primárias, como crianças em condições absurdas de desnutrição.

Esse sofrimento é exatamente o sentido de Pertença, que vai além do reconhecimento racial, cultural ou econômico, e independe do território o nosso despertar para a existência de um outro muito distante, porém muito próximo do que somos e sentimos.

O geógrafo francês Vidal de La Blache tem uma expressão notável: "A geografia é a ciência dos lugares e não dos homens." A partir dessa afirmação, abre-se um novo cenário para que se discuta o conceito de "lugar". Não obstante, ouvimos frases como "esse é o meu lugar", ou "de volta para casa", "o bom filho a casa torna". São muitas as referências sobre o que seria o "nosso lugar", e compreendo cada vez mais que essa definição passa pelo conceito de Pertencimento. Lembro-me, certa vez, quando realizava uma formação de lideranças sociais em Angola, na cidade de Lubango, no intervalo de uma das aulas um dos participantes me chamou reservadamente e, com os olhos marejados, me disse: "Fernando, sabes que, ouvindo sua explanação sobre Pertencimento Social, fiquei a pensar muito sobre o assunto enquanto a aula prosseguia. Entretanto, após uma vida de nômade em meu próprio país em função da guerra civil, onde vi amigos e familiares serem dizimados do seu próprio território, cheguei à conclusão de que o melhor lugar do mundo para se viver é onde temos as pessoas que amamos por perto, sim, esse é o melhor lugar."

Depois daquele depoimento, e conhecendo aquele amigo angolano e toda a sua história de vida, tive a convicção de que o Pertencer está intimamente ligado às relações afetivas que construímos uns com os outros, com os que nos são próximos, o que nos propicia também sentir essa ligação com os outros.

Quase todo o tempo lidamos com a questão de nossa identidade. Ora somos isso, ora somos aquilo, o que fica cada vez mais evidente nas redes e grupos dos quais fazemos parte. Certa vez um amigo me ligou já tarde da noite, com a voz embargada, para me contar que havia acabado de ser demitido da empresa que havia servido durante vinte e cinco anos da sua vida. Para ele era o fim de um ciclo que o institucionalizou, a ponto de o reconhecerem como o "fulano da empresa tal". Sua individualidade não pertencia àquela rede, na qual ele achava que tinha a sua importância, já que nas festas de fim de ano recebia cartões de todos os lados, convites para festas, eventos, churrascos e assim por diante. Agora lhe restava um vazio que tomava conta de sua alma, pois o indivíduo que pensou ser existia apenas pela personalidade jurídica que ele representava.

Reconhecer nosso "lugar" neste mundo é, antes de mais nada, nos percebermos e nos reconhecermos dentro dele, pois "lugar" não se limita apenas à questão física, mas, fundamentalmente, abrange também o modo como construímos as nossas relações de Pertencimento. Hoje pode ser aqui, amanhã ali ou acolá, mas o que perdura é a essência de sermos reconhecidos pelo que de fato somos, razão essencial para construirmos relações que valorizem nossa presença, não importando que venhamos a ter ou o cargo que ocupemos na sociedade.

Missão ADRA Amazonas, formação
para lideranças ribeirinhas – Brasil.

"Não é a consciência do homem que lhe determina o ser, mas, ao contrário,
o seu ser social que lhe determina a consciência."

KARL MARX

Transformação silenciosa – protagonismo social

Certa vez, em uma palestra sobre educação social ministrada pelo saudoso Antônio Carlos Gomes da Costa, respeitado educador mineiro, ouvi pela primeira vez o termo "revolição". Depois das considerações e argumentos do professor, nunca mais consegui dissociar desenvolvimento social de ação protagonista, uma vez que o mestre conceituou revolição como um processo de transformação pela atitude.

De nada adianta um movimento coletivo que luta em defesa de algo se as pessoas envolvidas não têm a convicção de que as mudanças pretendidas correspondem a um benefício para todos. É preciso saber o quanto de fato essas pessoas estão dispostas a renunciar a suas zonas de conforto em função de um bem muito maior, acima da esfera pessoal.

Por essa razão, compreendo a alegria e a paixão do professor ao citar palavras como "protagonismo", "lutador principal", "ator principal". Todos esses termos aludem àquele que não esmorece diante das dificuldades, que busca alternativas para alterar os seus estados de vulnerabilidade em determinadas oportunidades, e, assim, alcança sua autonomia e dignidade ao não se conformar com a mera coadjuvação na vida.

Durante alguns anos tive a feliz oportunidade de realizar um trabalho de desenvolvimento comunitário no sertão da Bahia e do Piauí. Numa dessas formações com as lideranças sertanejas, após um longo dia preenchido pelo sol escaldante que fazia ferver a vegetação já seca da caatinga, sentou-se ao meu lado uma adolescente, por volta de seus quinze anos. Estávamos embaixo de um pé carregado de umbu. Ela tirou um retrato do bolso e começou a apontar e identificar quem era quem na fotografia. As lágrimas escorriam pelo seu rosto quando ela, com a voz embargada, referiu-se a um irmão que havia ido para São Paulo em busca de uma vida melhor, mas nunca mais havia voltado. Já se passavam quase dez anos sem notícias do irmão. Ela então passou a me questionar sobre o que é o conceito de "uma vida melhor". Enquanto eu refletia sobre o tema para proferir as primeiras palavras, ela, ainda muito emocionada com aquela lembrança, começou a me dizer coisas lindas, algo muito mais profundo do que eu poderia conceber naquele momento. Eu não podia nem mesmo pensar em algo próximo daquilo, considerando que, para ela, "ser feliz, ou ter uma vida melhor", não se refere a ter conforto material e todas as coisas que o dinheiro pode trazer, mas sim "estar perto" das pessoas que amamos, e poder "estar perto", definitivamente, já representava, onde quer que estivesse, o melhor lugar do mundo para viver.

Considero o que aconteceu naquela ocasião uma legítima ação "revolicionária", pois a fala daquela menina despertou em todos aqueles que, como eu, estavam debaixo daquele umbuzal um sentimento de mudança, de reflexão sobre o ato de Pertencer, um sentimento que não se limita a discursos inflados ou emocionados, que não fora regido por alguém de patente, com poder e status que pudesse se valer de uma pretensa “maior credibilidade”. Aquele sentimento fora regido por uma menina sertaneja que teve o poder de nos levar à conquista de um imaginário espetacular: a vontade de mudar.

Formação de agentes de desenvolvimento local –
Projecto Jango – Huíla/Angola.

"Uma esmola, para o homem que é são, ou lhe
mata de vergonha ou vicia o cidadão."

LUIZ GONZAGA

Educar para Pertencer

Novos códigos e conteúdos estão sendo inseridos no atual modelo de sociedade, e deve-se começar desde já um trabalho com os jovens, predefinindo que tipo de sociedade se deseja ter no futuro.

Nenhuma das teorias pedagógicas responde, sozinha, à diversidade de questões que se apresentam na complexidade do ato de educar. Cada uma das diferentes teorias desenvolvidas objetiva atender a necessidade de compreender e interferir no desenvolvimento humano.

Cabe ao educador conhecer os limites e alcances de cada teoria para refletir sobre o seu próprio trabalho pedagógico.

Dentro da educação, deve definir-se o tipo de sociedade que se deseja construir. Por trás de toda teoria há uma visão de sociedade e de homem. Se é buscada a construção da cidadania, serão buscadas teorias que gerem conhecimentos de forma autônoma e solidária.

Técnicas e métodos pouco terão valia se não forem acompanhados de um projeto político pedagógico que dê direcionamento à criança e ao adolescente.

Na sequência, recomendo algumas teorias de grandes pensadores, destacando as características mais importantes desses métodos, cujo eixo central é a importância do Pertencer.

Célestin Freinet

O trabalho deste pedagogo francês começa com descobertas essencialmente práticas que originaram as atividades voltadas para o interesse das crianças, tendo como eixos fundamentais o trabalho, a cooperação, a autonomia e a livre expressão e relação de respeito entre professor e aluno e dos alunos entre si. Isso com certeza já nos dá com clareza uma educação para o Pertencimento.

O pensador introduziu conceitos de cidadania na prática pedagógica, abrindo espaço para que os alunos participem das decisões e soluções de problemas da classe ou da escola.

A pedagogia Freinet é centralizada na criança e baseada em alguns princípios: senso de responsabilidade, senso cooperativo, sociabilidade, julgamento pessoal, autonomia, expressão, criatividade, comunicação, reflexão individual e coletiva e afetividade.

Segundo Freinet, "a criança e o adulto não gostam de uma disciplina rígida quando isso significa obedecer passivamente a uma ordem externa".

As técnicas Freinet mais comuns são: aula-passeio, texto livre, imprensa escolar, correção, livro da vida, fichário de consulta, plano de trabalho, correspondência interescolar e autoavaliação.

Algumas invariantes pedagógicas de Freinet:

O comportamento escolar de uma criança depende do seu estado fisiológico, orgânico e constitucional.

Ninguém gosta de ser obrigado a realizar determinado trabalho mesmo que, em particular, ele não o desagrade. Toda atitude imposta é paralisante. É fundamental a motivação para o trabalho.

As aquisições não são obtidas pelo estudo de regras e leis, como às vezes se crê, mas sim pela experiência.

A democracia de amanhã prepara-se na escola. Um regime autoritário na escola não é capaz de formar cidadãos democratas.

Jean Piaget

"O objetivo da educação intelectual não é saber repetir verdades acabadas, é aprender por si próprio."

Jean Piaget foi um biólogo suíço que pesquisou a gênese do conhecimento. Embora não tenha construído uma teoria educacional, tornou-se uma referência nessa área.

Piaget desenvolveu a Teoria Psicogenética, que desvendou o processo de construção de conhecimento pelo indivíduo, ajudando a compreender a criança a partir do conhecimento dos estágios pelos quais ela passa e dos mecanismos que utiliza para se reequilibrar nos seus contatos com o meio. Ele elaborou uma teoria sobre os mecanismos cognitivos da espécie (sujeito epistêmico) e dos indivíduos (sujeito psicológico).

Pertencer passa, fundamentalmente, pela noção de onde estamos e de como nos relacionamos com esse espaço. Piaget, com suas concepções, nos traz ferramentas incríveis para desenvolvermos ações protagonistas.

Segundo Piaget, o conhecimento não pode ser concebido como algo predeterminado desde o nascimento (inatismo), nem como resultado do simples registro de percepções e informações (empirismo). Resulta das ações e interações do sujeito com o ambiente onde vive. Todo conhecimento é uma construção que vai sendo elaborada desde a infância, por meio de interações do sujeito com os objetivos que procura conhecer, sejam eles do mundo físico ou cultural.

A lógica, a moral, a linguagem e a compreensão de regras sociais não são inatas, nem são impostas de fora para dentro, por pressão do meio. São construídas pelo indivíduo ao longo do processo de desenvolvimento, processo este entendido como uma sucessão de estágios que se diferenciam um dos outros por mudanças qualitativas. Mudanças que não só permitem a assimilação de objetos de conhecimento compatíveis com as possibilidades já construídas, via acomodação, como servem de ponto de partida para novas construções (adaptação).

Para que esse processo se efetive, é importante considerar o principal objetivo da educação, que é a autonomia, tanto intelectual como moral.

Lev Semenovitch Vygotsky

"A experiência prática mostra que o ensino de conceitos é impossível. Um professor que tentar fazer isso incorrerá num verbalismo vazio, numa repetição de palavras pela criança, semelhante a um papagaio, que simula o conhecimento dos conceitos correspondentes, mas que na realidade oculta um 'vácuo'."

Esse russo profundamente interessado na pedologia (estuda a criança em seus aspectos biológicos, psicológicos e antropológicos) a considerava a ciência básica do desenvolvimento humano e a partir dessa concepção, criou um "laboratório" de psicologia.

Sua preocupação central era compreender a importância das interações do indivíduo com o meio. O entendimento dessa interação é o que resultaria no processo de autonomia social, de reconhecimento do outro na perspectiva da alteridade social. O conhecimento não se dá apenas a partir da ação do sujeito sobre a realidade que o envolve, mas advém também da maneira como se relaciona com as outras pessoas.

A meta de Vygotsky era criar um novo sistema que sintetizasse essas maneiras conflitantes de estudar o homem, pois, segundo este pensador, o homem é dotado de consciência, espírito e mente, e nenhuma das correntes psicológicas existentes fornecia as bases necessárias para o estabelecimento de uma teoria unificada dos processos psicológicos superiores.

As ideias de Vygotsky contribuíram muito para entendermos o desenvolvimento psicológico do homem, descobrindo que o meio é o fator mais importante para esse desenvolvimento. Com isso, o desenvolvimento humano, segundo o teórico, se dá "de fora para dentro".

Vygotsky contribuiu muito para a educação no que diz respeito ao estudo dos processos de aprendizagem na criança. Suas ideias inspiradoras devem ser tomadas como ponto de partida para reflexos e elaborações teóricas que possam ir além de suas fecundas proposições.

Ele desenvolveu o conceito de Zona de Desenvolvimento Proximal, que se refere àquilo que a criança não é capaz de fazer sozinha, então o realiza com a ajuda de alguém, mas essa acaba sendo uma medida do que ela será capaz de fazer futuramente. (Esse conceito ajuda a criança a avançar de um nível de desenvolvimento real para uma área de potencialidades, pela mediação realizada pelo "outro".)

Maria Montessori

Esta médica e antropóloga italiana elaborou uma pedagogia e uma reflexão a partir de seu trabalho prático com crianças, que consistia na troca de livros e cartilhas por objetos como blocos de madeira, cubos, fitas e todo tipo de instrumento que permita desenvolver a inteligência e estimule a audição, o tato, a visão ou até mesmo a concentração.

No século 18, Maria Montessori procurou construir uma pedagogia científica organizando o material de aprendizagem de maneira autocorretiva e de acordo com as dificuldades de cada criança. Seu trabalho não apresenta um corpo teórico, sustentando-se em função de um aparato metodológico.

Montessori destinava grande espaço aos fatores biológicos, mas sem vê-los como determinantes do desenvolvimento, já que um meio favorável poderia modificar certos traços herdados.

A palavra-chave da pedagogia montessoriana é a normalização, que consiste em harmonizar a interação das forças corporais e espirituais: corpo, inteligência e vontade. Essa reunificação de forças das crianças ocorreria à medida que elas trabalhassem de modo centrado e atento.

Maria Montessori criou séries de exercícios, como os *Exercices de la vie quotidienne*, que eram benéficos à saúde da própria criança, ao meio ambiente e à vida em sociedade. Esse ambiente é o foco do dar sentido as coisas, do Pertencer através do toque. Para essa educadora, a atividade manual e física com objetos definidos ajudava no processo de organização interna das crianças.

Todo o trabalho de Montessori se apoia numa série de materiais didáticos organizados em cinco grupos: material de exercícios para a vida cotidiana, material sensorial, de linguagem, de matemática e de ciências.

Rudolf Steiner

Para Rudolf Steiner, a criança é educada por meio de uma vida de sentimentos, emoções, vivência e estética, sempre tendo como ponto de partida ações práticas e tomando como referência outras pessoas, não os livros.

Este antroposofista austríaco introduziu a pedagogia Waldorf por meio de uma escola para os filhos dos operários de fábrica de cigarros Waldorf-Astoria (daí o nome). Distinguiu-se por ideias e métodos pedagógicos até hoje revolucionários.

A pedagogia Waldorf parte do preceito de que cada faixa etária tem a sua necessidade, e cada uma delas deve ser respeitada e atendida pelo processo educativo adequado.

Uma das principais características da pedagogia Waldorf é o seu embasamento na concepção de desenvolvimento do ser humano, concepção essa que leva em conta as diferentes características das crianças e jovens segundo sua idade aproximada. O ensino é praticado de acordo com essas características: um mesmo assunto nunca é exposto da mesma maneira para idades diferentes. Dentro do estado do Pertencer, as contribuições de Waldorf são essenciais, sobretudo considerando a insistência nos modelos tradicionais de educação, sempre na velha defesa do programa pedagógico, como diria o professor Rubem Alves, programa pedagógico que foi criado por alguns, dentro de uma sala com ar-condicionado, com milhões de teorias, mas em sua grande maioria distante do fato, da realidade.

A pedagogia de Rudolf Steiner visa formar futuros adultos livres, com pensamento individual e criativo, com sensibilidade social e voltada para a natureza, bem como energia para buscar seus objetivos e cumprir seus impulsos de realização em sua vida futura.

Cultiva-se o querer (agir) pela atividade corpórea dos alunos em quase todas as aulas. O sentir é incentivado por meio de abordagem artística constante, além de atividades artísticas e artesanais específicas para cada idade. O pensar vai sendo cultivado aos poucos, desde a imaginação dos contos, lendas e mitos no início da escolaridade até o pensar abstrato rigorosamente científico no ensino médio. O fato de não se exigir muito cedo um pensar abstrato, intelectual, é uma das características marcantes da pedagogia Waldorf em relação a outros métodos de ensino, pois assim se valoriza a percepção.

A pedagogia Waldorf pretende familiarizar o jovem, via ensino, com a natureza e a história cultural, para que ele compreenda o presente como resultado do passado e estabeleça o seu próprio rumo. Por isso, o ensino teórico é acompanhado ao enfoque holístico, sempre com base no ensino prático (trabalhos manuais) e no ensino da arte. O aluno deve aprender que está no mundo não para se submeter ao que já existe, mas para tornar possível e criar o que ainda não existe.

Anton Makarenko

Makarenko buscava, por intermédio de sua pedagogia, a sociedade marxista ideal, uma sociedade sem luta de classes, sem alienações e sem contradições, à base da solidariedade.

Para este pedagogo russo, que define a educação como um processo social de tomada de consciência de si próprio e do meio que nos cerca, educar é socializar pelo trabalho coletivo em função da vida comunitária.

Makarenko aplicava o que ele próprio intitulava de Pedagogia Marxista, visando formar verdadeiros proletários, homens conscientes de sua real situação. Ele tinha convicção de que o sucesso da educação dependia da capacidade do sujeito de se autocorrigir, e educava à base do trabalho produtivo e não lúdico, com o objetivo de formar trabalhadores conscientes e homens de ação.

O homem comunista, segundo ele, não seria individualista, mas coletivo. Os jovens eram preparados para qualquer tipo de ação com ginástica militar, jogos bélicos, desfiles e exercícios táticos. É preciso considerar que os jovens que embasaram os experimentos de Makarenko haviam enfrentado problemas sociais de várias ordens; hoje seriam os jovens condenados ao cumprimento de medidas socioeducativas.

Muitos dos pais já haviam desistido do convívio com seus filhos, e já não queriam, ou mesmo temiam, qualquer contato com eles. Relegavam-nos, assim, ao Estado para que este pudesse resolver as questões com as quais eles já não se viam em condições de lidar, o que não difere muito do que ocorre nos tempos atuais. Alguns setores da sociedade parecem optar pelo distanciamento de problemas desse âmbito, e cada vez mais se organizam e se fecham em seus próprios mundos, rompendo com o conceito de Pertencimento. Os indivíduos desses setores isolam-se cada vez mais da realidade e procuram transitar somente entre os "iguais" em sua rede de empoderamento socioeconômico.

O ideal da educação marxista era educar o homem para o combate e para a coletividade, isto é, para combater pelo bem comum.

A responsabilidade e a participação comunitárias no trabalho são, segundo Makarenko, as unidades essenciais para o trabalho educativo. Portanto, deve-se observar o "aprender a Ser", "aprender a Ter" e o "aprender a Conviver", em um conceito totalizador, que integre as vivências de cada indivíduo à produção social de toda uma coletividade.

Paulo Freire

"Deve-se educar para a tomada de decisões, para a responsabilidade política e social."

Este pedagogo brasileiro deixou marcas importantes na história da educação. Seu trabalho extrapolou as fronteiras do nosso próprio país. Imbuído de profunda consciência social, para ele, além de ensinar a ler, escrever e contar, a escola tem tarefas mais sérias: desvelar para os homens as contradições da sociedade em que vivem.

Paulo Freire trabalha na busca da educação como prática da liberdade, repudiando o que chama de "educação bancária", isto é, a educação voltada para o depósito de conteúdos.

Educar é constituir o sujeito da transformação, e para isso é preciso respeitar o universo cultural dos educandos.

A educação é uma prática política, tanto quanto qualquer prática política é pedagógica. Não há educação neutra. Toda educação é um ato político, e por essa razão há a necessidade de que rompamos com modelos tradicionais, buscando alternativas por meio do Pertencimento social dos alunos, despertando-os para o "aprender a aprender" e para o "ensinar a ensinar". Sendo protagonistas em seus espaços, recebendo condições para sair do conceito de "assistência pela assistência", em uma lógica de justiça social, abre-se espaço para que a partir de então passem a ser protagonistas no meio do qual são integrantes.

Os educadores necessitam construir conhecimentos com seus alunos tendo como horizonte um projeto político de sociedade. Os professores são, portanto, profissionais da pedagogia da política, da pedagogia da esperança.

Paulo Freire cultiva o nexo escola/vida, respeitando o educando como sujeito da história.

A base da pedagogia de Paulo Freire é o diálogo libertador e não o monólogo opressivo do educador sobre o educando. Na relação dialógica estabelecida entre ambos é que se aprende a aprender.

Antonio Carlos Gomes da Costa

O pedagogo Antonio Carlos Gomes da Costa defende o protagonismo juvenil como conceito que veio preencher uma lacuna teórico-prática no campo da educação.

Uma ação é dita protagônica quando, na sua execução, o educando é o ator principal no processo de seu desenvolvimento. Por meio desse tipo de ação, o adolescente adquire e amplia o seu repertório interativo, aumentando, assim, a sua capacidade de interferir de forma ativa e construtiva em seu contexto escolar e sociocomunitário. O centro da proposta é que, com participação ativa, construtiva e solidária, o adolescente possa envolver-se na solução de problemas reais na escola, na comunidade e na sociedade.

Quando o adolescente, individualmente ou em grupo, envolve-se na solução de problemas reais, atuando como fonte de iniciativa, liberdade e compromisso, temos diante de nós um quadro de participação genuína no contexto escolar ou sociocomunitário, quadro esse que pode ser chamado de protagonismo juvenil.

Na perspectiva do protagonismo juvenil, é imprescindível que a participação do adolescente seja autêntica, e não simbólica, decorativa ou manipulada. Estas últimas são, na verdade, formas de não participação. Tais formas desviadas de participação podem causar danos ao desenvolvimento pessoal e social dos jovens, além de minar a possibilidade de um convívio autêntico entre eles e seus educadores.

A participação é a atividade mais claramente ontocriadora, ou seja, formadora do ser humano, tanto do ponto de vista pessoal como do social.

O Pertencimento Social perpassa por todos os conceitos do protagonismo, possibilitando que sejam reavivados sonhos que estavam perdidos, em um estado em que as esperanças arruinadas já resultam em desespero. Com a mudança de curso e de perspectivas, as pessoas passam a se ver como agentes de transformação e não meros receptores de uma estrutura que lhes diz o tempo todo o que devem fazer para que sejam aceitos, para que possam "Pertencer". O Pertencimento é, por si só, um modo de perceber todos à sua volta, ainda que não devidamente enxergados. Trata-se da consciência e da segurança de que também se é parte integrante e fundamental daquele meio.

Formatura do Projecto Jango – Viana de Luanda/Angola.

“Não sei... se a vida é curta ou longa demais para nós, mas, sei que nada do que vivemos tem sentido, se não tocarmos o coração das pessoas.”

Trecho do Poema “Saber Viver”, de Cora Coralina

Plantar educação é colher esperança

A sociedade ideal deve ser democrática, participativa e cidadã. O jovem de hoje é parte essencial de um projeto de futuro mais justo e melhor. Ele deve entender que não está no mundo por acaso, e precisa estar engajado com o compromisso de tornar nossa sociedade melhor. O futuro do Brasil está na escola, e o futuro da escola, nas nossas mãos.

A ação do jovem proativo não enxerga obstáculos, mas desafios que precisam ser suplantados. Ele não pode entender que a batalha termina a cada meta alcançada ou em um desafio superado, pois a luta é constante, sempre se renova, e assim deve ser por toda a sua vida.

O desenvolvimento pessoal e social de um jovem deve valorizar as interações e as relações coletivas, fundamentando-se no trabalho cooperativo. A cidadania se constrói com o trabalho em grupo, reconhecendo e respeitando as diferenças individuais. Amplia-se a consciência em relação aos direitos e deveres de cada um.

O caráter, a cidadania de cada indivíduo serão definidos conforme as relações entre este e o meio, interações reais e não apenas teóricas. O jovem deve interagir com forças racionais e emocionais. Deve haver a experimentação.

É dos adultos o dever de auxiliar os jovens no desenvolvimento de suas habilidades e deficiências, a fim de que estes conheçam o seu meio e interajam com ele, social e tecnicamente. A educação lhes dará ferramentas para que sejam agentes transformadores. O verdadeiro agente transformador é aquele que conhece sua realidade a fundo, sabe como e onde atuar e tem plena noção dos objetivos que deseja alcançar.

O jovem proativo deve ter em mente, além de objetivos, suas próprias estratégias e táticas. Os movimentos táticos são avanços precisos que lhe permitem conquistar territórios, ganhar espaço, sempre considerando uma estratégia que defina o caminho para cumprir suas metas e objetivos.

Não deve o jovem contentar-se com objetivos que não lhe imponham dificuldades e esforços maiores. Deve acostumar-se a se impor grandes desafios; as grandes conquistas advêm de grandes dificuldades, de quem verdadeiramente sonha, enxerga muito além do que o horizonte permite ver. O jovem que se coloca tais desafios sem dúvida chegará mais longe em suas batalhas, o que resultará em maior satisfação em diversos âmbitos de sua vida.

O jovem proativo é consciente e trabalhador árduo. Ele é, desde cedo, um homem ou uma mulher de ação, que deve ser preparado para tomar decisões baseadas nos valores em que se baseou sua educação.

A liderança é um aspecto importante. Se possível, essa competência deve ser estimulada desde cedo. O líder é caracterizado pela ação, e está em sua natureza o trabalho de conquistar e transformar sua comunidade.

O jovem deve ser orientado a assumir sua responsabilidade social e política, não apenas por si próprio e em nome do presente, mas pelo futuro, pelos seus filhos, netos e pelo meio social do qual faz parte, com a consciência de que as gerações futuras precisam viver em um mundo melhor do que temos hoje.

Conceitos como "aborrecente" e comentários do tipo "esta fase é assim mesmo", "são rebeldes", "querem chamar a atenção" são uma forma rasa e superficial de definir o comportamento de muitos dos jovens. É preciso abrir-lhes espaço para criar, interagir, debater e, dessa maneira, entender as suas próprias capacidades e talentos ocultos; perceber que são aptos a realizar das mais simples às mais complexas tarefas, e, acima de tudo, que são gratos e podem exercer o sentimento de solidariedade às vezes com um simples gesto, como dizer: "Pode contar comigo, eu estou aqui."

Projeto da Policultura no Sertão – ADRA Bahia. Formação de Protagonismo Comunitário na Comunidade São Paulinho – BA/Brasil

Formação de Protagonismo Social em Sítio do Mato – BA/Brasil

Palestra – Protagonismo Comunitário em Sítio do Mato – BA/Brasil

Palestra – Protagonismo Juvenil – Adra Bahia em Bom Jesus da Lapa – BA/Brasil

Formação de Protagonismo Juvenil na Comunidade São Paulinho em Uauá – BA/Brasil

Atividade da Formação de Protagonismo Juvenil na Comunidade São Paulinho em Uauá – BA/Brasil

Atividade com Jovens da Comunidade dos Crentes Sertaneja em Uauá – BA/Brasil

Projeto da Policultura no Sertão – Protagonismo Juvenil em Uauá – BA/Brasil

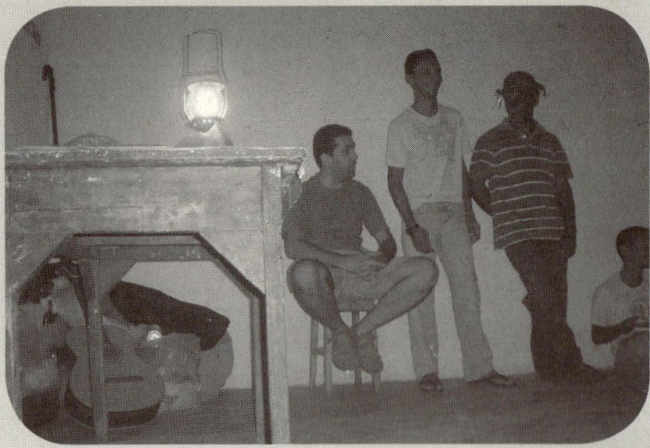

Palestra de Protagonismo Comunitário para a Comunidade Sítio do Tomaz em Uauá – BA/Brasil

Palestra para Juventude em Uauá – BA/Brasil

Formação para Lideranças de Comunidades Sertanejas – Sítio do Tomaz em Uauá – BA/Brasil

Missão – Formação de Formadores de Protagonismo Comunitário nas Comunidades Ribeirinhas em Manaus – AM/Brasil